연인

연인

초판 1쇄 발행 2022년 6월 17일

지은이 박창원
펴낸이 장길수
펴낸곳 지식과감성#
출판등록 제2012-000081호

교정 김우연
디자인 정슬기
편집 정슬기
검수 양수진, 윤혜성
마케팅 고은빛, 정연우

주소 서울시 금천구 벚꽃로298 대륭포스트타워6차 1212호
전화 070-4651-3730~4
팩스 070-4325-7006
이메일 ksbookup@naver.com
홈페이지 www.knsbookup.com

ISBN 979-11-392-0514-5(03810)
값 12,000원

지식과감성#
홈페이지 바로가기

연인

박창원 시집

어디 보는가
나의 마음 보는가
절벽에 핀 꽃이여

시인의 인사말

2015년, 정년 1년을 남겨 놓은
10월의 황금빛 논밭과 오색의 동산,
그리고 사랑의 아름다움을 기억으로 남기고
싶어, 글로 표현하기 시작한 것이

2017년, 첫 시집 『두 카네이션』에 이어
2019년, 2집 『당신을 위하여』를 출간하고,

2집 출판 기념회에서 앞으로의 삶을
시 창작의 끊임없는 노력과 부끄럽지 않은
시를 쓰는 데 최선을 다하겠다는 약속과
다짐을 했습니다.

그 후,
세상은 참으로 복잡하고 예측이 어렵다지만,
퇴임 후 평화롭고 여유롭게 지낼 수 있다는
생각은, 3년을 가지 못하고

일을 하지 않으면 안 될 사업과 관리,
또 다른 설계 등 지금껏 인생 여정 중
가장 바쁘게 지내고 있습니다.

그 바쁜 일과 중
가장 힘이 되고 보람이 있는 것은,
일상생활에서 특별하게 다가온 감정 등을
시로 창작하는 일이었습니다.
계획보다 1년 늦게 제3집 『연인』이 출간되는 어려움이 있었지만, 시 창작의 시간이야말로 제게는 가장 큰 사랑을 받는 시간이었습니다.

우리는 사랑을 주는 것보다
받기를 더 원하면서 사는 것은 아닌지요?
주변은 온통 사랑을 주어야 할 곳인데,
사랑을 받는 것은 한정되어 있다는
불균형의 세상이지만,

다행히 받는 사랑 하나가, 주어야 할 모든
사랑을 감당할 수 있는 사랑의 신비함이
세상의 균형을 잡아가고 있습니다.

저는
오늘도 앞으로도 시를 통해 받는 사랑 하나로,
균형의 세상이 되는 시 창작에 노력을
다하겠다는 약속을 드리며
그간 시 창작에 도움이 된 자연의 고마움과
사랑을 준 분들께 감사의 인사 올립니다.

2022년 5월
박 창 원

목 차

1월

나에겐 아직 꿈이 있다

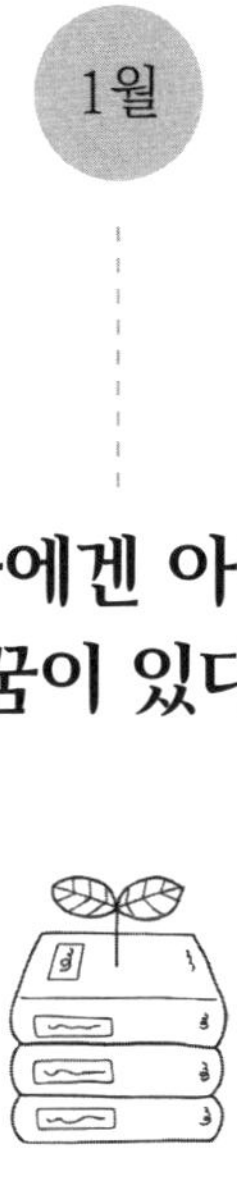

- 새 해
- 해돋이
- 시인으로 출정하는 마음
- 도전의 링

나에겐 아직
꿈이 있다

정년퇴직을 했다는 것은 사회적으로부터 떨어져,
함께 공유하거나 일을 하지 못한다는 슬픔이 있다.
대부분의 정년퇴직을 한 사람들은
단순한 소일거리를 하거나,
짧은 여행 또는 건강을 유지하기 위한
스포츠 여가 활동을 하는 것으로,
하루하루를 보내는 것이 일상의 생활이다.

얼마 전 두 명의 친구를 만나 정담을 나눈
가운데, 현재 서로의 꿈에 대해

한 친구는 "자식들이 출가를 할 때
보금자리를 마련해 주기 위하여,
지금 사는 집을 팔고 작은 집으로 이사를 가는 것"
이라 하고,

다른 친구는 “내일보다는 오늘을 어떻게
잘 보낼 것인가” 하며
오직 오늘만을 생각한다고 한다.
친구의 꿈 이야기는 보통 60대 사람들의,
자식을 위하고, 자신을 위한 올바른 생각과
소박한 꿈의 이야기일 것이다.

나는 직장 생활 때보다 퇴직 후 지금의 생활에
보다 높은 도전과 열정이 필요한,
청춘들이 꿈꾸는 이야기를 했다.

친구들은 “응, 그래” 하며 긍정적인 반응이었으나
한편으로는
세월이 많이 필요해 무모하고 공상적인
꿈이라는 듯한 부정적인 얼굴을 보였다.

정년을 눈앞에 두고
“아궁이에서 다 탄 재로
뒷간에 쌓일 것이 아니라,

재가 되기 전 살아 있는 불씨로
새로운 꿈 동산에 불을 지피리라,
생을 다하는 날까지 끊임없이 도전하리라” 하는
남은 삶의 끊임없는 시 창작과
하지 못한 사업의 구상과 열정,
그리고 사랑이 내겐 남아 있다.

새로운 도전을 이루지 못할 것이라는
부정적인 일면도 있으나,
무모하리만큼 공상적인 도전들이 이루어져,
지금의 세상이 되었듯이 언제나
꿈과 도전을 중단하거나 포기하면 안 된다.

누구든 육체적으로나 정신적으로 아픈 곳이
왜 없겠나!
그러나 꿈을 이루기 위한 남다른 강렬함이
있어야 한다면 그것은 "사랑"이다.

자연을 사랑하고,
사람을 사랑하고,
물질을 사랑해야 한다.

사랑으로 인한 열정이 있는 한
도전은 멈춰지지 않는다.
목숨 다할 때까지 "사랑"을 위하여!

새 해

제야의 종소리가 들립니다
희망찬 새해 시작하는 설렘의 소리
하늘 올라가는 소리에 수많은 꿈들이 반짝이고

모두가 소망의 별 하늘로 띄웁니다

오늘 또 새로운
새해가 밝아왔습니다
모두는 새 다짐 새 소망
가슴으로 일출 안고 힘냅니다

때론
어제가 오늘 같고
오늘이 내일 같은
시간 속에 새해를 잊습니다

시간은 자칫
딴생각하는 동안
헛되이 흘러 지나가 버리지요

새해는 말하죠

누구도 시간의 실체 볼 수 없듯
동반자이며 도전인 변화를 향한
일상의 일과와 시간이 새날 새해

매일 아침
일출 품고 일어나
새 다짐 소망의 새해
다시 시작하는 것이라고

해돋이

해돋이 보러 간다

나의 소망 가지려

산 넘어 바다 끝

먼 길이다

떠오르는 해

솟구치는 붉은 용암

온몸 용광로 불빛 흐른다

밤 태워 얻은 태양이다

시인으로
출정하는 마음

자연의 아름다움
사랑 찾아 자유로이 거닐고
그 마음 글로 표현하며
세상 새롭게 바라보네

사계절은 변함없이 찾아오고
사랑은 분홍빛 꽃 피우는데
내 안의 마음
시(詩)로 모시지 못하는 부끄러움
보이지 않는 바람 같네

지난 젊은 날
흐르는 땀 눈 가리고
망치 소리 귀 막혔으니

어찌
해와 달 보이고
바람 소리 들을 수 있었으리

이제
굽이굽이 이어졌던 인생사
떨어지는 낙엽 밟으며

보이지 않는 바람
소리로 찾아내고

보이지 않는 마음
눈빛으로 알아내어

세상사
그려 내는
시인으로 살아가리

도전의
링

지난 세월 나의 모습 기억한다
파란 하늘의 붉은 가슴이었다

세상 속 사각의 주먹과 싸우고 있었다
그리고 벌거숭이 몸에 세종대왕의 옷 입었다

쌓아 올리는 돌탑처럼 정성 다한
옷 하나하나가 천천히 반듯하게 세워 주었다

목마름에 한 방울 한 방울 경외의 물 한 모금
메마른 내 영혼 적셔 주었다

링에서 물러난 지금도,
세상은 여전히 사각의 링이다
환성과 탄성, 호랑이 목소리, 내 깊은 추억

정년의 초로에게 청춘 다시 불어넣는다
그리고 또 다른 도전의 링에 오른다

링에서 마주보는 당신,
링에서 내려다보는 세상,
하늘을 보면 생각나느니,
매섭지만 한 떨기 꽃이다!

이미 몸과 마음
도전으로 타오르고 있다
뜨거운 육신에 경외의 물 한 방울 또 떨어진다

2월

봄기운

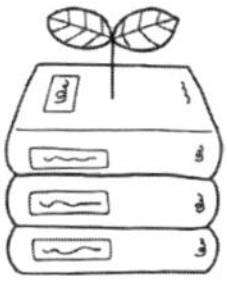

- 노송에 핀 하얀 꽃
- 한 아이의 촛불
- 꿈을 안고 잠드세요
- 시간 여행

봄 기운

아침 출근길에
때 이른 봄비가 촉촉이 바람을 타고 내린다.

유리창 밖 먼 하늘에서 내리는 봄비는
겨울바람이 시샘이라도 하는지
내리는 비가 눈이라도 되는 듯
세차게 바람을 불어 흐트러지게 하여
물안개로 날린다.

횡단보도를 걸어가는 사람들은
두툼한 잠바에 목도리를 하고
장갑을 끼고 우산을 들었지만
가벼운 발걸음이다.

이틀째 내리는 봄비에
메마른 대지가 흠뻑 적셔지면서
때 이른 움츠림에 겨울잠에 들었던
고요한 산천초목이 놀라지나 않을까 염려된다.

움츠러든 사람의 마음에도
조용히 스며드는 봄비는

늙으신 부모님 생각에 눈시울 적시기도 하고,
가족 품 떠나 고생하는 자식 생각 안쓰러움에 마음 아파하고

사랑하는 연인을 만나
함께 빗길을 걷고 싶기도 하는가 하면
달리는 차 바퀴에 빗물 튀어 몸이라도 적실까
염려도 하는 이 있겠지…

이렇게
때 이른 봄비가 내리는
포근하고 조용한 아침에는

목마른 대지가 반가이 맞이하고
사람들에게 봄기운을 내비쳐 주며
보고픈 얼굴을 그립게 한다.

노송에 핀
하얀 꽃

도심 속 관악 삼성산 꼭대기
노송 한 그루

지난밤
함박눈 폭풍 속

흰 바람에
푸른 솔 날리고

노송의 등과 날개 휘어지도록
하얀 꽃 활짝 피어나니

그 옛날 영욕
눈부심으로 아름다워라

한낮의 햇빛으로
눈물 되어 흐르니

노송의 흰 꽃 사라져도

그대는 푸른 솔 적 모를진대…

한 아이의 촛불

겨울밤
부산역 열차 차고지
희미한 노란 불빛
기차 한 량 밝히고

열차 식탁 위 촛불 두 개
담요로 등 덮은 한 아이
호호 손 녹이며 책 읽고 있다

불이며
빛이며
등대였던
한 아이의 촛불

추모의 촛불로
정의의 촛불로
국민의 촛불로

자유
권리
상식 소통하고자 하는 소망의 촛불로 성장했다

촛불 혁명의 정부

춥고
어둡고
어려운 곳

불이며
빛이며
등대여야 함을 잊지 말아야 한다

오늘도
한 아이의 촛불은
눈물 흘리며 밝히고 있다는 것을

꿈을 안고 잠드세요

오늘도
마음속 깊게 자리하고 있는
꿈 안고 잠드세요

당신이 이루고 싶은 마지막 꿈
당신에게 유일하게 남은
꿈 안고 잠드세요

어느 날은
당신 꿈의 바다에
폭풍이 불더라도
폭염이 내리쪼이더라도

깜깜한 어둠 속
꿈 잃지 않고 잠들면

당신의 간절한 꿈
이뤄지지 않겠어요?

오늘도

꿈 안고 잠드세요

시간 여행

매운 연기 잠 깨고
먼 골짜기 운무 이루는 파란 연기 띠
평온한 미얀마 바간의 이른 아침

집 앞마당 골목길엔 빗자루
차도엔 트럭 오토바이 자전거
뿌연 먼지 사정없이 일으키며 하루가 시작된다

아침 식탁에서 바라보는 바깥 풍경
언젠가 많이 보았고 맡아 보았던 냄새
새소리 들리고 맑고 청명한 아침 햇살

60년대 우리 시골
봄 풍경이다

겉으로 보이는 것
먼지 속
빈곤하다 평온하다는 것

그 속
기아 기근 질병 이별 죽음
보지 못하고 있을 뿐은 아닌지

부와 안락은
서민의 지속 반복 순환
각이 진 눈물 토대 위 세워졌다

과거의 시간 여행
적응하기 어렵고 힘들다
그래도 행복한 것, 잘 살고 있다는 것

미얀마에서
대한민국으로
널뛰어 안길 수 있어서

고맙다!

3월

마지막 세대

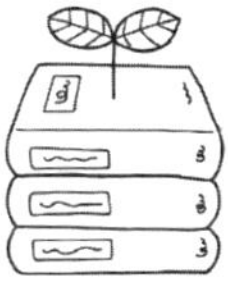

마지막 세대

어느 날
경찰 동기인 친구로부터
아래와 같이 카톡이 왔다.

"이제는
우리 세대를 일컬어서 컴맹의 마지막 세대
책 보따리 메고 검정 고무신 신고 달리던
마지막 세대

굶주림이란 질병을 아는 마지막 세대
보릿고개의 마지막 세대
부모님을 모시는 마지막 세대
선묘를 다니는 마지막 세대
제사를 모시는 마지막 세대

부자유친, 아비와 자식은 친함에 있다고
교육 받았던 마지막 세대

자녀들로부터 독립 만세를 불러야 하는
서글픈 첫 세대"라며

울어야 할지, 웃어야 할지… 급속히 변해 가는
세상에 대한 슬픈 한탄과 함께
악착같이 건강 챙기고 즐겁게 행복하게
보내라는 위안의 메시지이다.

나는 여기에 대한 답으로 "슬퍼하지 마세요,
모든 것이 마지막이라는 끝에 첫 세대가 있고
자연이 늘 함께 있으니…"라고
위로의 글을 보냈다.

돌이켜 보면,
우리의 젊은 날은 가난한 나라의 국민으로
굶주림이 없는 것을
생활의 최대 목표에 두었던 어려운 시대이며,

부모는 물론 웃어른에 대한 공경이
당연시되었던 순수하고 원천적인 삶이었다.

지금의 우리는 부유한 나라의 국민으로
굶주림 걱정 없고 매우 개인주의 사고로
즐기는 삶으로 발전했으니 친구가 보낸 메시지
하나하나가 틀린 것이 없다.

그러나 이제는 노인에 대한 보살핌을
나라가 조금은 덜어 주고 있다.
그리고 자연은 변함없이 내 곁에서
나를 지켜주고 희망을 주고 있으니

이제는 노인 스스로가 얼마든지
삶을 계획하고 끊임없는 도전으로
건강한 삶을 영위할 수 있는 환경에 감사하며
지낼 수 있기 때문에 결코 노인들의 삶이
슬퍼할 일은 아니라고 생각한다.

“자녀로부터 독립 만세를 불러야 하는
서글픈 첫 세대”가 아니라

자녀로부터 독립 만세를 부르는
행복한 첫 세대로 건강이 허락하는 한
얼마든지 즐거운 삶을 영위할 것으로 본다.

우리 모두 지혜로운 삶으로 마지막 세대 아닌
새로운 첫 세대로 바꾸자!

새벽
출근길

사람들 대부분 곤히 잠들어 있을 새벽 시간
자식 깰세라 살그머니 방문 열고 출근 재촉한다

어둠 짙게 깔린 도로 위
빨간 구슬 줄지어 구르고

고개 숙여 잠든 이
말없이 운전하는 이

침묵만이 있다

자동차 달리는 검은 도로
새벽길 출근 일회용 컵 슬픔

캄캄한 하늘 바라보며 가족 생각하니
세월 속 변함없는 별 하나 눈물짓는다

멀리 어둠 걷히는 여명 길
대지 형상들 서서히 눈 들어오면서

정적 깨는 자동차 소리인가
기지개 켜는 산울림인가

마음속 그늘 걷어지고
사람과 사람 부대끼는 광장 속 묻히니

사람 땀 내음
새벽 출근길 서글픔 어루만진다

길가 한 아이
울고 있어요

길가 한 아이 울고 있어요
누군가 다가와 사탕 하나 주네요
울던 아이 울음 뚝!
고개 들어 쳐다봅니다

어머니였습니다

함박웃음으로
어머니 손잡고
숲속의 싱그러운 향기
힘든지 모르고 절로 뛰어갑니다

사랑이었습니다

입 안의 사탕
배 속으로 사라지고
날은 어둑어둑 저물어 그림자 다가와
응석 어린 눈빛으로 어머니 쳐다보니

달빛 그림자였습니다

슬펐습니다
울지도 않습니다
달과 별 방향 삼아
남쪽으로 홀로 넘어갑니다

길가 한 아이 울고 있어요

신문 배달 소년의 첫사랑

보슬비 내리는 시골길 봄날 오후
푸릇푸릇한 10대 소년
신문 한 다발 겨드랑이 옆에 끼고
신발이며 몸 젖는 것 개의치 않고 달리네

50미터 500미터 달려
기와집 양철집 큰 초가집
띄엄띄엄 숨차게 신문 1부 넣는다

우마차 길, 논길, 밭길
2시간 넘는 시골 신문 배달
어깨 위로 김이 모락모락 피어날 때
겨드랑이 신문 대신 마음의 꽃 활짝 피네

또 달린다. 더 빨리 달린다
마음에 핀 소녀 생각하며
늦을세라 정신없이 달린다
소녀가 기다리고 있는 우물가로

우물가의 소녀
말없이 물 한 두레박 두 두레박
세숫대야에 쫘아~악 부을 때
소년은 설레는 심장과 대장부의 마음 바라보나

소년 소녀
말 한마디 못 하고
부끄러운 마음 감추지 못하고
안타까운 마음 서로 안고 집으로 가네

왜 그랬을까?
늙어 가는 소년은 지금도 답을 찾지 못하고
동정이었을까? 사랑이었을까? 그리워할 때
소녀는 아주 멀리 가고 말았네

미소는

미소는
괴로움 녹이고
괴로움 녹으면
두려움 사라지듯

미소는
행복 가져오고
행복하면
사랑이 생기듯

미소는
한 송이 꽃 같아
나를
아름답게 하고

너를
미소 짓게 하니
미소는
축제이어라

코로나19

삼지창

온 세상
코로나19 두려움
삼지창까지 들고 낮과 밤으로 숨어 있다

코와 입으로 스며들어
고통으로 온몸 흔들고

폐에 삼지창 꽂고
심장마저 멈추게 한다

감염의 공포
일상을 장애로 만들고 있다

창살 없는 감옥 생활
물과 빵조차 못 먹게 반항한다

죄와 벌로 가득 찬
세균과 바이러스 수용소처럼

삶의 일부 장애로 만들고
산소를 죽음의 탄소로 잠식하려 한다

오랫동안 잠수하고 있는 균
자유롭지 못한 숨, 황폐한 생활고

흔들리는 삶인데
늦게 오고 있는 백신

언제쯤 떼로 와서
갑옷을 입혀 줄까…

4월

연 인

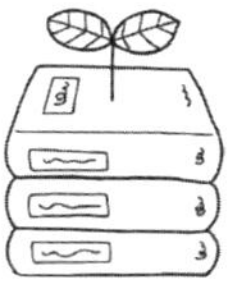

- 안양천
- 이 마음 알리오
- 그리움
- 하루를 산다는 것
- 나는 누구인가

연
인

"서로 사랑하는 관계에 있는 두 사람"을
사전적 의미로 연인이라고 한다.
"서로 사랑하는 관계"라는 범위는 다양하고
넓지만 흔히 남녀 간의 사랑하는 사이라고
할 수 있는데 여기서 남녀 간의 사랑이라 함은

정신적, 육체적으로 성숙한 사람으로서
사랑을 통하여 상대의 몸 안으로 들어가고
싶은 갈망과 그렇지 못하는 몸부림의 절망이 있는,
항상 보고 만지고 유희를 통한 가장 큰 행복을
느낄 수 있는 관계가 아닌가 싶다.

프랑스 여류 작가 마르그리트 뒤라스의
자전적 소설 《연인》을 통해
"사랑했던, 언제나 사랑하는 사람"이
연인의 단면이라는 걸 볼 수 있다.

먼 과거 베트남이 프랑스령이었을 때
가난한 프랑스 여고생이 사이공의 학교에 가는
여객선에서 돈 많은 중국인 지주 아들의 유혹에
첫 만남이 시작됐다.

처음에는 단지 매혹적으로 잘생긴 미모와 최고급
자동차를 가진 부자라는 것에 이끌렸지만,
그다음부터는 성에 대한 호기심 때문이었다.
그러나 남자는 여성에 대한 습관적인 성적
유희로 접근을 했다.

여학생은 집과 학교에서 듣는 창녀라는 모욕 속에서
도 돈이 필요했고, 성(性) 또한 뿌리칠 수 없었다.
그러는 사이 남자는 간절한 사랑이 되어 부친에게
결혼 승낙을 받으려 하였으나,
이미 부유한 집안의 여인과 혼인을 하도록 한 관례
에서 벗어날 수 없는 무능하고 빈껍데기인 자신에게
절망을 했다.

그럼에도 끝내 여자는 학교를 졸업하고 귀국하는
여객선 내에서 흘러나오는 왈츠 음악에
그만, 사랑한 남자가 그리워 하염없이 뜨거운 눈물을
흘렸다.

그녀는 귀국 후 결혼하고 자녀까지 두었으나
이혼하고 오랫동안 작가로 활동하던 중,
연인이었던 남자가 부인과 함께 프랑스를 방문하여
그녀에게 말하기를

"지금도 사랑하고, 사랑하는 것을 멈추지 않을 것이며, 예전에 그랬듯 죽을 때까지 사랑할 것"이라고 말을 남긴다.

성숙하지 못한 미성년자인 여학생의 가난에 대한
극복 수단과 육체적 호기심으로서의 사랑,
부유한 관계로 사회적 활동 없이 뭇 여성과
유희만을 쫓던 남자의 사랑,

시작은 이렇게 엇박자로 정을 나누었지만
점차 사랑하는 연인으로 발전을 한 것이다.

결국
“연인”은 부부 관계에 있기 전까지의
애틋한 사랑의 관계가 아닐까?

그 “연인”이 있는 사람은 항상
아침 해를 바라보는 행복이다.

안양천

원앙오리 한 쌍 사랑놀이
황새와 송사리의 숨바꼭질
개나리와 들꽃의 꽃놀이

안양천 걷고 달리는 사람들
물소리, 새소리, 바람결 소리
지친 몸과 마음 씻겨 주는 노랫소리

안양천 생명수에 물고기 노닐며
안양천 꽃밭에 꿀벌들 즐기고
안양천 사람들 노랫소리 흥하니

너도 나도 간다
건강 찾아 사랑 찾아
안양천 축제 보러 간다

이 마음 알리오

목단의 함박꽃 송이 따다

당신께 드리면 이 마음 알리오

외기러기 되어

당신께 날아가면 이 몸 받아 주리오

꽃은 시들고

기러기 힘 떨어지니

저무는 해

몸과 마음도 시리도록 얼어 가네

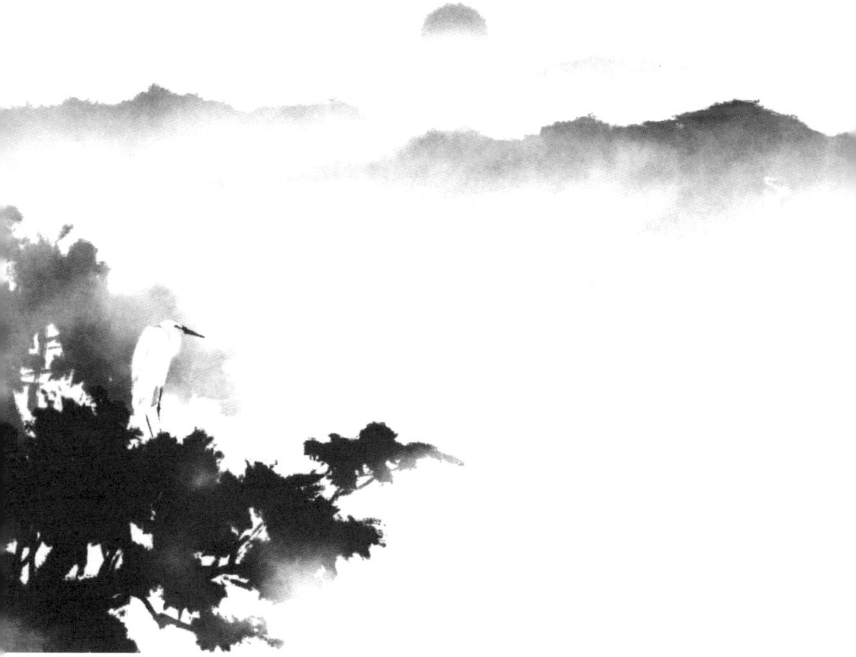

그리 움

1.
봄바람에 실린

은은한 꽃향기 가슴으로 스며드니

겨우내 입은 검은 옷 해져 싸늘하나

매화꽃 향기 임 생각으로 따뜻하게 감싸 주고

그리움에 바라보니

그 꽃송이 따다 당신께 드리고 싶네

2.
봄바람 살랑이는

호수에서

그대와 뱃놀이에 꽃반지 끼워 주고

꿈의 동산 훨훨 날아오르고 싶었던 추억

그리움에 바라보니

마음만 보랏빛이요

몸은

부슬비에 하염없이 젖어 가네

하루를
산다는 것

잠을 깨우는 자명종 소리
하루의 시작 꿈틀거림으로 가득하다

밝아 오는 동녘 바라보기 위해서
눈뜨는 것만으로 충분하지 않다

위치와 존재 보여 주기 위해서
씻는 것만으로도 충분하지 않다

일해야 하고
모두에게 보여 줘야 한다

사랑은 침묵의 목석으로 굳어 버렸고
부와 명예는 여전히 세상 흔들고 있다

엔진 소리는 그칠 줄 모르고
어머니 목소리는 쇳소리에 들리지 않는다

아~
사랑이 우러났던 할머니 목소리
힘겨웠던 하루 삶 속의 등불이다

이렇게 하루의 시간 속에서
나는 들었다

심장의 고동 소리는
꿈이 있는 한 멈추지 않는다는 것을

나는 누구인가

65세 인생의 반
참수리로 후회 없이 날고
오는 세월에 날개 접었다

바람 부딪치고
비 젖은
흐릿한 세상의 진동 속

여전히 도전하는 심장의 고동
내려가지 못한 허공
떠 있는 나일까?

보다 높은 꿈 갖고 고민하는 건
보다 안락한 노년 보내기 위해서도 아니다
아직 고요함보다는 시끄러운 심장이 좋다

그것은 일하는 기쁨!
세월에 고통이 함께하며 달리는 삶!
흐릿한 진동 속 뜨거운 땀방울 떨어진다

나의 영혼
지금도 참수리로 날고 있다

5월

내리사랑

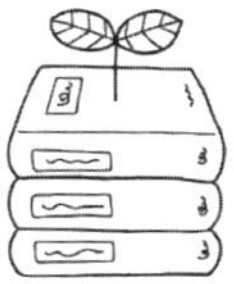

내리 사랑

부모의 자식에 대한 내리사랑이라고 하는 것
주변인들로부터 많이 들었다.
부모님의 내리사랑이 무엇인지 모르고 자랐다.

내리사랑에 대한 의미를 제대로 알지도 못하는
막내는 그동안 살아오면서 위 형제들의 많은
애환을 보고도 내리사랑을 멋대로 해석하여

높은 곳에서 떨어지는 폭포수는 밑으로 떨어질수록
그 소리가 커지듯,
부모의 자식들에 대한 사랑도 내려올수록
그 사랑이 커지는 것으로 잘못 알고 있었다.

막내는 늦게야 내려가는 사랑에,
올라가는 어떠한 사랑도 이에 미치지 못한다는
내리사랑의 의미를 알고는,

부모는 무조건적인 사랑을
자식들에게 주어야 한다는 것을 알았다.

그러나 이 내리사랑이 참 힘들다.
부모의 사랑을 받지 못하고 자란 탓이기도
하지만 너무 흑백논리에 의한 사고방식이라
나와 자식들에게 상처로 남기도 한다.

이 논리대로라면 자식의 어떠한 잘못도
용서를 하고 사랑을 주어야 하며
내가 준 사랑에 대한 대가를 생각지 말라는
것인데…
지금껏 자식들에 대한 기대와 믿음으로 사랑을
주면서 훗날에 대한 어떤 기대를 했나 보다.

점점 커 가면서 이제는 30대의 자식들이
부모의 생각에 반하는 것을 보면서

노여움을 감추지 못하고
마음의 상처를 주고받는다.

정말
내리사랑을 뛰어넘는 올라가는 사랑과 존경은 없을까?

곰곰이 많은 시간을 생각해 보아도
부모가 생각하고 주는 사랑과 자식이 부모에게 주는
사랑의 차이는 확연하게 다르다.

부모의 사랑이 끝없이 주는 사랑이라면
자식은 무조건적인 존경이라는
부모에 대한 믿음을 가져야 하는 것이 아닌가 싶다.

부부간의 사랑도 감성적인 사랑보단 이성적인
존경이 백년해로할 수 있듯이,
부모 자식 간에도 사랑과 존경이 잘 어우러져야
행복한 가족과 가정이 이루어지리라 믿는다.

무조건적인 내리사랑에 무조건적인 존경으로 답하면 좋을 텐데….

두
카네이션

빨간 카네이션 꽃

어머니 아버지 가슴
고이 달아 드리네

그리고
살며시 두 분의 품 안겨
마음속 눈물 흘러내리네

고맙습니다
사랑합니다
건강하세요

뜨거운 마음 담아
어버이께
감사 인사 올리네

하얀 카네이션

부모님 영전
조용히 바치네

그리고
무릎 꿇고 엎드려
아련한 눈물 주르륵 흘러내리네

용서하세요
편안히 쉬세요
열심히 살겠습니다

촉촉이 젖은
애절한 눈동자
살아생전 다하지 못한 도리

부모님 사랑과 그리움

카네이션 꽃과 향

마음 달래 주네

아버지의 눈물

모진 풍파 견뎌 내며 일하시는
아버지의 눈물 보았는가

지나간 아픔들
흘러간 노래에 실어 흘리는 눈물
몸이 녹아내리는 눈물임을 알지 못하리라

패인 눈물샘 고인 눈물
깊은 밤 베갯잇 적시는 눈물
어떤 눈물인지 말해 주는 이 없는가

무슨 잘못이라도 있는지
내 작은 염려로 묻는다

대답 없는 아버지의 음성
흔들리는 어깨만 보일 뿐

몸은 점점 밝은 등불
세상 비추고 있다

내
아내

1.
부부의 인연 찾아 천 리 길
여인의 집안 아쉬움 속
아내가 되어 주었네

차 한잔, 외식 한번 못한 긴 세월
사랑의 종소리만 집 안 울렸지

그 소리 어찌나 크던지
아들딸 빈집에 낳아 주고

잠시의 멈춤도 없이 곳간 불리는 소리
내 울음소리 듣지도 못했지

내 아무리 아내 가까이서 울어도
자식 웃음소리, 쌀가마 쟁이는 것에 묻혔지

너는 엄마이고 여장부
아내라는 이름 영혼 속으로 숨었네

2.
자식 위해 여기까지 왔는데
자식이 울리는 목소리에
하늘 떨리도록 실망하는 모습 보니

과거의 사랑 멀리 물러나고,
나의 상스런 욕
자식 상처 주는 부족한 아버지 되었네

끝물이 다가올수록
부부밖에 없다 하나

내 아내
생 다하는 순간까지

자식 사랑 그리움 더 가까이 온다는 것
아내라는 이름 영혼으로 남아 있다는 것

나는 알고 있네

오월의 봄비

봄비 부슬부슬 내리는
해 질 녘 저녁상 앞

한 움큼의 아카시아 꽃향내
옛 향수 불러일으킨다

풀 냄새, 나무 냄새
흙 냄새, 물 냄새 어우러진
오월의 봄비 젖은 산

어느새 몸과 마음
고향의 동산 걷게 한다

풀잎 이슬의 여인
고깔의 사내

아카시아 꽃 사랑
바람 타고 가는 꽃버선

봄비에

농부의 노래 들리고
도심의 사랑 찾아가는

저녁노을 밥상
어두움 깊어 가니

비 갠 내일
새롭게 기다려진다

옆 사람

세상 사람
동행으로
끝없이 인생은 흘러간다

헤어짐 없는 소망
서로 다른 아픔 되어
내 곁을 떠나가는 여정

어떠한 꿈 갖든
어떠한 현실 맞든
옆 사람과 묶어 준 사랑의 동행만이
지나가지 않고 떠나지 않고 함께한다

나이가 무거워질수록
고통에 힘들면 잠들게 하고
깨어나면 다시 아프게도 하지만
나와 당신만의 동행은 영원하다

6월

노년의 로망

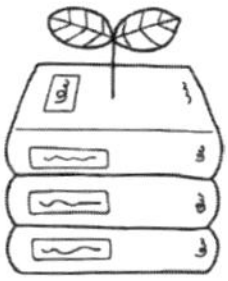

- 친구 피에로(Pierrot)
- 샛 길
- 사랑의 묘약
- 카페 사이(42) 숲(SOOP)

노년의 로망

사람은 탄생부터 무한 경쟁 속에서 산다.
그 경쟁 속에서 이기는 사람 지는 사람 관계없이
누구나 어렵고 힘들다.

남녀 모두가 무한의 경쟁 속에서 살면서
짝을 만나 가정을 이루고 사는 것이 보통이나
때로는 평생을 홀로 살다 세상을 떠나는 이도 있다.

그러나 너 나 할 것 없이 나이 들어
노년이 된 지금 복되게도 사랑이 숨 쉬는
부부로 남아 언덕 위 벤치에서 어깨를 맞대고

서산으로 지고 있는 붉은 태양을
말없이 바라보고 파란만장한 지난날들의
추억을 떠올리며 함께 메마른 입맞춤 있는 것이
로망이 아닌가 싶다.

얼마나 많은 사람들이
바라던 노년의 로망의 삶을 살고 있을까?

하루를 더 살아도 아쉬움이 있고
하루를 덜 살아도 행복한 삶은 변함이 없듯

마음에 단비를 담고
메마른 대지에 땀방울을 떨어뜨릴 때

언제나
노년의 로망은 살아 있을 것이다.

친구
피에로(Pierrot)

직장에서 만난 오랜 친구 한 명
동료 간 화합 원만하지 못했던 사람

엎친 데 덮쳐
얼굴 근골격암 일부 함몰

삼각형 입 모양 목소리
쉽게 다가갈 수 없는 친구의 얼굴

참 힘들 텐데
목소리와 행동 여전히 씩씩 우렁차다

경찰 천직으로
험지에서 정년까지 보낸 꿋꿋한 사람

퇴직 후
성격과 외모 광대의 모습

많은 궂은일마저 오래 못 해도
낙천적인 언행 사람 즐겁게 하니

무섭지 않은
아름다운 피에로일세

바라건대
세월과 함께 흘러

그대와 오랫동안
친구로 남고 싶네

샛 길

숲속
길 없는 문제 있거든
낙담하지 마세요

숲속에도
사이 길 있답니다

밟고
걸으며
느껴 보는 사이

어느새
숲속
당신의 샛길 나아져 있지요

사랑의
묘약

사랑 만나러 가는 길

심장소리 커지고

입술 마르기 시작

속까지 울렁인다

이제는

머리까지 어지럽고

메스꺼워 구토하기 직전!

으~으~으ㅁ~

그 순간!

눈앞 연인!

만고의 병 사라진다

이렇게 사모한 연인이었던가!

태초의 비경이었던가!

사랑의 묘약이었구나!!

카페 사이(42)

숲(SOOP)

사람과 사람 사이
나무와 나무 사이

꽃과 꽃 사이
차와 차 사이

무엇이 있는지 말해 줄래?

사랑과 꿈
향기와 이야기
세상 아우성 잠재워 주고

안양예술공원
사이 숲의 여유

나 애무하여
시인 되게 한다

7월

사랑의 이별

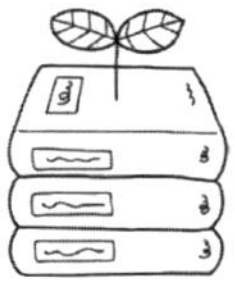

- 여순 감옥
- 60대 바보의 마음
- 슬퍼하지 마세요
- 병상 지키는 남편이 아내에게

사랑의 이별

당신으로부터 전혀 예기치 못한
이별을 듣는 순간,
천둥소리에 숨이 멈추는 듯 먹먹함으로
목숨 같은 사랑이기에 연유도 묻지 못하고
보냈습니다.

그 후
사랑의 자리 너무나 텅 비어서
온몸 사랑의 피는 멈추었지요.

참 귀한 사랑은 나에게서
너무나 쉽게 가 버렸습니다.

당신의 사랑은 거짓이었나 생각도 하였습니다.

그러나 결코 거짓이 아니었고 거짓이었다 해도
홀로 임의 목소리에 귀먹고 모나리자 같은

임의 얼굴에 눈멀어 목숨이 아깝지 않은
사랑을 하고 가졌었는데 무엇인들 못하리오.

당신의 행복을 위해서라면…

당신의 자리에서 내가 나가는 것이
당신의 행복이라면 이 또한 감수해야 할
일이라 생각했지요.
하여 꾹 참고 당신의 뜻에 따랐습니다.

그러나
지금 당신의 자리에 내 자리가 없고,
서로 보이지 않는 자리에 있어도
먼 그리움은 항상 온몸에 남아 있지요.

때론 꿈속에서 여러 밤을 당신과 함께하며
그리움을 달랠 수 있었습니다.

다만,
내가 예전과 같은 사랑의 글을 쓰지 못하는 것이
너무나 안타깝습니다.

거짓 또는 상상을 해서라도 예전과 같은
아름다운 사랑의 글을 쓰고 싶은데
마음과 같이 되지 않아 그저 세월만 보내는 것이
가슴을 아프게 합니다.

어찌할까
어찌할까

첫 추억의 키스는
용솟음으로 나를 새롭게 태어나게 했는데

나의 몸과 마음의 사랑을 다 주기도 전에
그 임은 뒷걸음쳐서 사라졌습니다.

그래도

원망일랑 하지 않겠어요.

당신이 조금이라도 힘들어할 테니까.

여순
감옥

모르고 있었던 곳인가!
잊고 있었던 곳인가!

나라 잃은 조국 독립
암흑의 처절한 고통의 민족 위해

도적 떼 괴수의 심장에 총 쐈으며
맹수 발톱 같은 총칼 도적 떼 앞

피 묻은 태극기 하나 방패 삼아
일제 만행에 맞서다 순국한 곳!

목엔 동아줄 동여매졌고
목숨이 붙어 있는지
쇠꼬챙이로 꽂혔으며

시신은
똥 나무통 속
반으로 쑤셔 넣어져

여순 감옥 번지 없는 돌산
흔적 없이 묻힌 선열들

하얀 옷 입은 눈사람 하나
감색 옷 입은 수많은 선혈의 혼백

분단된 조국 통일 문 앞
바람 속 떠도는 통탄 소리

부끄러운 나
바람에 다가가 말한다

고이 찾아서
고이 간직하고
고이 잊지 않고 함께 가겠노라고

60대 바보의 마음

이른 아침 침침한 눈
초점 없이 멀뚱멀뚱 천장 바라보다
만물상 앞에 앉아서야
하루가 시작된다

희로애락에 바보 마음 되어 가는 줄 모르고…

세상은 변함없이
일과 사랑과 흥으로 감싸고 있는데
만물상 속 사장 되었다가 연인도 만났다가
의욕과 눈물도 솟는 만화 속 걸음 걷는다

만물상 멋대로 나를 동행시킨다

나이아가라 폭포에
산산이 부서지는 무지개처럼
거슬러 올라갈 수 없는 물줄기
청춘으로 돌아가고픈 마음 감출 수 없다

바보 마음으로 세상 바라보고 있다

배고픈 저녁 오면
거울 속 검은 민낯에
우리 삶 그렇듯
떨어지는 폭포수 마음 된다

그래도
바보 마음속
청춘 살아 있어
아픈 눈동자 잠재운다

나는
오늘도
바보 여행으로 영혼 색칠해 간다

슬퍼하지 마세요

정년으로 몸은 하루 다르게 늙어 가고
품 떠난 자식 돌아올 줄 모른다고
슬퍼하지 마세요

주름 늘어 거울 보기 싫고
사랑은 사라지고 원망만 남았다고
슬퍼하지 마세요

당신의 시선 앞에 아무도 없어
홀로 독립 만세 불러야 한다고
슬퍼하지 마세요

당신은
고향 땅 멀어지도록
하늘 높이 날아올라

굽이굽이
강산 내려다보고
세상 바람 타고 비상했어요

오히려 슬퍼하려거든
돌아갈 수 없는 옛 고향
내 고향 가엾이 여기소서

병상 지키는 남편이
아내에게

고운 당신
병동 창밖 먼 별 보고
밤마다 가족 생각
잠 잃은 당신

함께 별 헤아립니다

밤하늘의 별
별 하나 당신에게 떨어져
암 덩어리 녹아내리는 소리
살아나는 생명의 소리

기도합니다

이제 병마의 고통 사그라지고
빈 병실 뒤로하고
사람 사는 집 생각
남편 염려하는 고운 당신

두 손 꼭 잡고 함께 잠듭니다

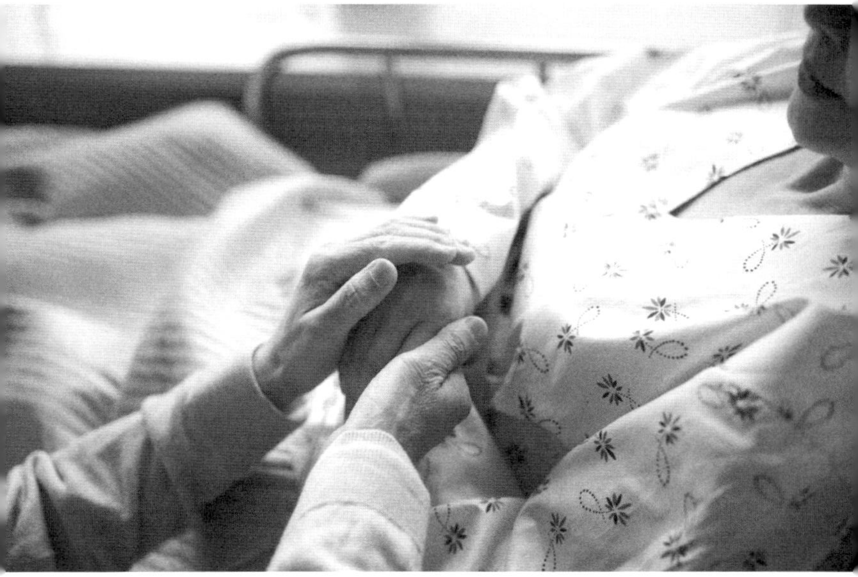

8월

씩씩한 친구

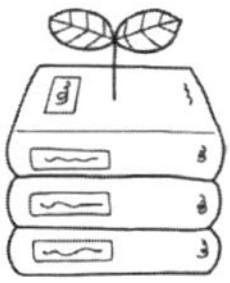

- 말 없는 부부의 방
- 사랑과 바람
- 안양예술공원 미처 몰랐어요
- 모두 안녕

씩씩한 친구

우리에게는 누구나 친구가 있다.
친구의 범위는 생각하기 나름이겠지만 통상적으로
동년배나 두세 살 차이가 아닌가 싶다.

내게는 직장 동료로 시작된 오랜 친구
한 명이 있다.
그는 직장 내에서 상하로부터 그리 신뢰를
받지 못하는 동료로 있다가 끝내는
한직의 다른 부서로 옮겨 가면서 멀어졌었다.

그러나
함께 근무하고 있는 동안은
같은 동년배로 가까이 지내며
서로를 잊지 않았다.

그러던 어느 날
친구의 근황을 알아보니 큰 수술로

입원 휴직 중이라는 소식을 접했고
놀란 나는 서둘러 병원을 찾아가 보았다.

차마 보기에 불편할 정도로
얼굴 한 부위가 함몰되어 있었다.

그 슬픔을 이겨 내는 친구의 얼굴과
예전과 같은 어투로 반겨 주는 것에
도리어 무안할 정도였다.

그랬던 친구는 다시 복직을 하여
정년까지 근무를 다하고,
꾸준히 이런저런 일을 하며 지냈는데
한동안 소식이 없더니 엊그제 연락이 닿았다.

사실 그는 일반인과는 다른 생각으로
지내다 보니 직장 내에서는 함께 화합을

못하여, 한 부서에서 오래 근무를 못 하는 경우가
종종 있었던 것 같은데,

퇴직 후에는 여러 가지 일들을 하면서
즐겁게 사는 친구였다.

오랜만에 하게 된 통화에서
“지금 무슨 일 하는데 만나기가 힘드니?”라고
물었더니
친구는 “어~ 지금 택시 운전해!”라고 답하며
쉬는 날도 없이 근무를 한다고 했다.
그러면서도 만나는 날짜를 주면 사전에 양해를 받아
쉬겠다는 씩씩한 목소리는 변함이 없다.

서로에게 거울이 되어 서로의 모습을 비춰 주며
위안이 되는 것 또한 친구라면
나는 이 친구를 통해 겸손함을 배우고 무엇을 하든

절망을 모르고
당당하게 열심히 살아가는 것에 힘을 받는다.

허나 이런 친구를 특별히 돕지 못하고
그저 "고생하는구나" 하는 마음뿐인 것만 같아
미안한 마음을 감출 수 없다.

친구란 무엇일까?
누구에게나 나보다 잘났거나 못났거나 하는
두 부류의 친구들이 있다.

그리고 다양한 방법으로 우리는 서로에게
거울이 되고 위안이 되고 자랑으로 여긴다.

아득한 세월 속에서도 흔적이 남아 있는
그리운 사람, 친구다.
그중 어려운 환경과 아픔 속에서도

씩씩하게 살아가는 친구,

생활의 감사함과 겸손함을 가르쳐 주는
친구가 있어 고마울 뿐이다.

말 없는
부부의 방

임자와 함께 라일락 정원 거닐고 싶지만
세월에 흐려진 사랑의 눈
먼 태산 바라보듯 하는구려

하얀 꽃과 푸른 나무 향기에 취해
하늘을 안은 마음으로 정원을 가꾸었는데
언제부턴가 홀연히 마음이 떠나셨소

임자와 함께 새 꽃순이 나오는 꽃밭에서
꽃 피우고 열매 맺는 정원을 가꾸고 싶지만
단풍 물들듯 낙엽이 되어 가는구려

무관심만큼 슬픈 것은 없고
사랑하는 만큼 행복한 것은 없다지요

무시당하는 것보다 비참한 것 없고
격려해 주는 것보다 힘 나는 것 없다지요

임자는 지금
문밖에서 무엇을 기다리시나요?

아~아~ 옛날이여~

사랑과 바람

사람들은 사랑과 바람
무엇인지 알고 말한다

사랑은 했다고 말하고
바람은 감춘다

사랑은 마음속 녹아내린 정
부처님 사리

바람은 마음 밖 천 리 절벽
흰머리 독수리 알

나도 사랑과 바람
알고 있다고 말한다

다만
이렇게 말하는 걸로 충분하다

안양예술공원
미처 몰랐어요

궁금했던 안양예술공원
이렇게 깊은 곳에 있는 것인지
미처 몰랐어요

안양 역사박물관을 지나
그늘이 짙은 무장애나눔길

시간, 장소, 만남의 중간자(mediator)
예술의 시작

숲이며 꽃에 덮인 다양한 춤의 비상
알음알음 찾아보는 안양예술공원
미처 몰랐어요

크고 작은 작품 하나하나에 담긴 상상의 나래
안양예술공원에 감추어져 있는 것
미처 몰랐어요

예술공원이라고 말할 수 있는 것
너를 만나 보기 전에는
미처 몰랐어요

안양예술공원 미처 몰랐어요

모두 안녕

당신이 파 놓은 구덩이로 떨어지기 전
당신이 세상에서 받은 해바라기
어둠으로 내려놓았지

어디로 갈 수 있었을까?
권력의 썩은 성욕은 암흑으로 일깨워 주었건만
망각으로 똑같은 곤경에 처한 당신
명운이 다 되었음을 알았을까?

초여름 밤 산속
허공 맴도는 동공에
꺼져 가는 명 다할 때
병든 여인은 죽음의 심판까지 하지 않았으리

검은 울음소리 어둠으로 보내고
하얀 세상의 여명으로 안녕하자

모두 안녕

9월

행복을 주는 사람

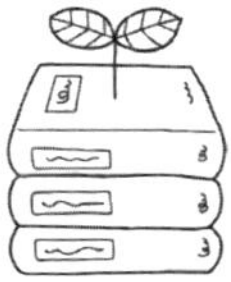

- 셋째 딸의 다짐
- 돌주먹, 찬 주먹
- 바보 사랑
- 장사하는 사람

행복을 주는 사람

행복을 주는 사람은 어떤 사람일까?
한 번도 생각해 본 적이 없는데
어제 한 사람에게 불현듯
"당신은 사람을 행복하게 해 주는 분입니다!
존경합니다"라고 했다.

한 해를 보내는 동안 그분과 해외여행도 하고
모임도 같이 하면서 전혀 다른 모습을 볼 수 있었다.

샌님 같은 외모에 언행 또한 부끄러움을 많이
타는 분 같았던 것과는 달리 매우 활달했으며
자연스럽게 사람을 배려하고 이기려 하지 않았으며
선뜻 베풀고 웃는 얼굴,
거기에다 재치 있는 한마디 한마디로
사람들에게 경쾌한 웃음을 선사한다.

사람에게 행복이 무엇인가?

사람을 웃게 해 주는 것이 행복이 아닐까 하고
처음 생각을 해 보았다.

무수히 많은 행복의 종류에 비해
웃음의 종류가 많지는 않겠지만
모든 행복은 어떠한 종류든 웃음을 동반한다는 것이다.

주변에는 자신을 행복하게 해 주는 사람보다는
스쳐 지나가는 사람이 대다수다.
특히 가족 등 자신과 직접적인 관계가 없는
타인으로부터 행복을 받는 경우의 사람은 정말
흔하지 않다.

언제나 타인으로부터 행복을 자연스럽게 받는다면
자신도 모르게 상대방에게
"당신은 사람을 행복하게 해 주는 사람입니다"
"존경합니다"라고 자연스럽게 인사말을 건넬 것이다.

그리고 자신을 되돌아보며
나는 어떠한 사람인가? 돌이켜 보건대 그저
스쳐 지나가는 사람은 아니었던가?

이제는 가족에게까지 행복을 주는 것이
점점 줄어들어 축제라고 할 수 있는 웃음과 미소가
점차 사라지는 것이 못내 안타깝다.

행복을 주는 사람은 웃게 해 주고,
베풀 줄 알고, 이기려 하지 않으며,
자기의 아픔은 대수롭지 않게 이야기하는,
언제나 같이 있고 싶은 사람이 아닐까?

자신의 주변에 이런 사람이 한 사람이라도
있다면 행복한 사람이며

행복을 주는 사람은
그 자체로 더욱 행복해하는 사람이다.

셋째 딸의
다짐

누구도 계획에 없던 나
뜨거운 숯의 빨간 고추에 대한 비전
바람으로 나르고
셋째 솔잎은 대문에 걸리지도 않았지

나도 숯과 함께 문 앞 솔잎으로
관심받고 사랑받는 나무 되어
매일 아침 외치고 싶었지
"나를 위해 물을 주오!"

언젠가
메마른 광활한 들판으로 나갈 거야
그리고 샘 파고 산 일구어
나리꽃과 소나무의 물이 될 거야

돌주먹,
찬 주먹

부모 돌주먹
머리에 피 흐른다
영원한 상처

자식 찬 주먹
억장이 무너진다
죽어 가는 심장

돌주먹 찬 주먹
어찌하여 다른가!
한 몸인 것을

내리사랑 잊지 말고
이기려 하지 마라

바보 사랑

당신이 부모 사랑 이해하여

땀과 눈물로 배운 한 편의 시 써서

감격의 눈물 흘리게 한다는 것

굉장한 것이지요

부모는 당신의 뼈와 살 만들었기에

시 쓰지 못하고 읽지 못한다 한들

당신의 어떤 경우에도 뜨거운 사랑입니다

당신이 닿기 어려운

부모의 무조건적

바보 사랑이지요

장사하는 사람

처음 장사하는 사람
달콤한 풍요의 씨앗

하지만 어려운 장사
두 번 하는 사람 바보

나는 그런 바보
큰 바위 등진 바보

그래도 형형색색 꽃밭 생각
새로운 삽질하네

손발 머리 쥐 나지만
손님 따라 빨간 파란 노란 하얀 꽃 가득하네

10월

동 행

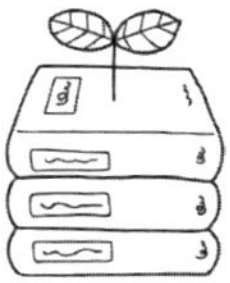

- 연 인
- 선녀와의 이별
- 첫 키스의 추억
- 당신을 위하여

동
행

나를 잉태하신 어머님과 280일을 한 몸으로
지낸 끝에 춥고 더운 세상에 태어나,
부모 형제와 동행을 하며 세상을 배워 간다.

학창시절
수많은 친구들이 나의 학교생활 첫 즐거움으로
동행을 하지.
그중에서도 어떤 친구와는 세상이, 하늘이
두 쪽이 나지 않는 한 우정이 변하지 않을 것 같은,
목숨과 같은 친구가 있다고 생각하고
자랑을 한다.

어느덧
사회인이 되어서 짝을 만나 또 다른 세상과
동행을 하고 생활에 적응하며 가족을 위한
삶으로 점차 옛 친구들은 잊고 멀어져 간다.

어찌 친구들뿐이겠는가!
나를 세상에 있게 해 준 부모님까지도
동행으로부터 멀어져 가고…

다른 사회 친구들과 간간히 세상을 동행하지만
옛 친구와는 달리 이해관계로 맺게 되는
친구들…
이들 중에서도 영원히 함께할 것 같은 친구가
있을 것 같지만 쉽지만은 않은 것 같다.

끝내는
자식도 동행을 못 하게 되면서 늦게나마
항상 옆에 있는 사람이 결국 끝까지 동행하는
사람이라는 것을 알게 된다.

너무나도 당연한 것인데도
우리는 생각 없이 옆에 있는 사람을

화나게 하고 슬프게 하고 힘들게 하며
때론 옆에 있게 해 준
사슬마저 끊어 버리기까지 한다.

자신의 마음도 동행을 하지 못하는데
부인 또는 남편이라 해서 좋게만 동행을
할 수는 없지 않은가!

희로애락의 수많은 사연들이 엮이고 엮여서
함께 나이가 무거워질 때야
진정한 동행자라는 것을 알고 애틋하게
마음으로 옆 사람이 다가온다.

또다시 의견 충돌이 일어나 화나고 슬프고
힘들더라도 죽는 날까지 항상 옆에 있는
고마운 사람이니 내가 먼저 "미안해" 하자!

연
인

어느 날,
갑자기 찾아와 마주친 얼굴
해바라기 꽃 가득하다

호기심 마음 왈츠의 세상
춤추는 마음 결혼 행진곡
꽃바람 보낸다

서로 다른 화음으로 노래 부르고
서로 다른 정으로 눈물도 흘렸다
키스 때는 사랑의 하모니 박동 소리

사랑의 소리 취한 두 심장 하나 되어
유희의 오케스트라 소리 세상이 해바라기
보고 듣고 만질 수 있는 행복의 지휘자 된다

하나 되길 얼마나 갈망하고!
서로 다른 것 얼마나 절망했던가!
해만 바라보는 해바라기

언제나

해 바라보고
해 노래하며
해 영원하다

선녀와의 이별

맑은 하늘 번개 일듯
선녀의 이별 음성

천둥소리에 놀란 듯
숨 멈춰 말 못 하고

생명의 사랑
연유도 묻지 못하고 보냈습니다

사랑의 자리 텅 비어
온몸 뜨거운 피 얼음 되었지요

참 귀한 사랑
너무나 쉽게 가 버렸습니다

당신의 사랑
거짓이었나 생각도 하였습니다

함박눈 내리는 소리에 귀먹고
모나리자 미소에 눈멀었다 해도

아깝지 않은 사랑이었는데
당신의 행복을 위해서라면

임의 내 자리 나가는 것
임이 편한 길이라면

함께 여행하지 못하는
사랑의 돌하르방 되어

연인들의 시선만 먹고
원망일랑 하지 않겠어요

첫 키스의 추억

너와 나
사랑 숨긴 채

서로 얼굴 보고
웃고 지낸 수년의 늦가을

마침내
우리는 손잡았지

어둠이 내려서야
가까이 온 입술 보았고

아주 천천히 아주 조용히
모나리자 입술에 다가갔지

입술이 닿기 무섭게
세상은 암흑으로 변하고

입술과 혀는 굶주린 뱀인 양
깊고 어두운 숲속 휘저었지

첫 키스의 추억
시인의 축제가 되었지

당신을 위하여

어느 날
세상에 나왔습니다
당신의 의중에 맞춰 무럭무럭 잘 자랐습니다

때로는 힘들 때도 있었으나
세상에 나오게 해 준 희생에 보답하기 위해
참고 견디어 내며 당신의 뜻에 따르도록 노력했습니다

당신의 바람보다 더 잘되거나
부족하기도 했으리라 생각합니다
그래도 열심히 당신을 위하여 살았습니다

당신은 말없이 가 버렸습니다

어느 날
가정을 꾸렸습니다
당신의 의중에 맞춰 한 푼 두 푼 재물을
모았습니다

때로는 어려울 때도 있었으나
사랑을 가르쳐 준 고마움에 보답하기 위해
참고 견디어 내며 당신의 뜻에 따르도록 노력했습니다

당신의 바람보다 더 풍족하거나
빈곤하기도 했으리라 생각합니다
그래도 최선을 다하여 일했습니다

당신은 말없이 옆에 있습니다

어느 날
천사를 만났습니다

의중이 없는 당신은
편안한 행복으로 가득 채워 주었습니다

때로는 불안한 때도 있었으나
노을의 아름다움을 남기기 위해
참고 견디어 내며 천사의 노래에 따르도록
노력했습니다

당신의 참모습보다 더 멋있거나
추하기도 했으리라 생각합니다
그래도 마음 다하여 당신을 노래했습니다

당신은 말없이 빛을 주었습니다

남은 인생 노래 부르고 싶어졌습니다
내 마음 다 불러 드려
아름다운 노래 남기고 싶어졌습니다

당신을 위하여

11월

하얀 눈물

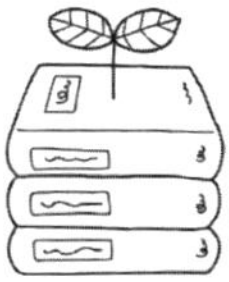

- 한라산 오름
- 분단의 아픈 사랑
- 경찰 동기 생각
- 겨울이면

하얀 눈물

오늘도 송이송이 큰 눈이
바람결에 춤추며 내리고 있다.

어젯밤부터 간간이 춤추던 눈은
오늘 아침에는 큰 송이가 되어 내린다.

올 겨울 함박눈이 많이도 오는데
예전 같은 감흥이 사라진 지 오래되었고

송이 눈 내리는 지금의 모습이 예쁘다기보다는
겨울에 내리는 하얀 눈물 같다.

코로나19로 인한 답답함 때문일까?
나이가 무겁게 느껴지기 때문일까?

전 국민이 마스크를 써야 되고
모든 영업 행위에 제한이 있으며

사람 간의 거리 제한 등으로 인한 우울한 마음에,
여기저기 불만이 표출되고 있다.

하나둘 주변의 가까웠던 지인들이
말없이 떨어지는 낙엽처럼 연락이 끊어지고,

예쁘게 춤추는 눈조차 생활고로 인한 고통에
하늘도 슬픈 나머지 눈물을 흘리는 것 아닌가?

잠시 펜을 내려놓고
책상 위 메마른 양 손등을 내려다본다.

왼손이 오른손을 문질러 주고
오른손이 왼손을 쓰다듬어 주니

하얀 눈물이 흐른다.

지금껏
어떤 일인들 안 겪고
어떤 수모인들 안 당했을까

열심히 살면 그뿐인 것을

한라산 오름

한라산 성판악 강풍에 움츠린 몸
장국밥으로 가슴 펴고
백록담 등반길 밟듯

어머니 두 오름으로
세상 발걸음 떼었지

제주 어디 가나 한라산 정상 보이고
세상 어디 가나 인간사 정상 보이나
쉽사리 오르지 못하고
눈물과 땀방울로 몸 적셨지

한라산 정상 등반 시간제한 있듯
인간사 샘물 한계 있어
그만 나의 오름 오르라 손짓하네

발밑 현무암 장돌길
이리저리 밟고 피해 가며
어쩌다 나무 계단 편안하나 흥미 없고

삶의 질곡 태산길
눈물 샘물 먹으며 오르고 또 올라
저마다 오름 희비 있었네

산 정상 부근 나무도 없는 오직 돌 바람
인생 끝자락 관계인 떠난 오직 한 사람
한라산 오름 백록담 쉽게 허락지 않네

하늘 아래 내가 밟은 백록담
어둠 속 보름달로 반기고
사람마다 오름에 기쁨 맞이하네

하산하는 길
겨우살이 군락 보이고 노루 반기나
변화무쌍 산간 기후 두려움 일듯

내려가는 인생길
점점 커져 가는 봉분 마음 둘 곳 없으나
시간의 흐름에 따르는 것도 아름다운 것

육십에 이른 나의 오름
아쉬움 속 개개인 오름 다르듯
내 오름 감사하고 백두산 오름 기다려지네

분단의 아픈 사랑

깊은 밤 목숨 걸고
철책 넘어 바라보는 사랑

우리가 가진 마음
비무장지대 새봄 보랏빛 꽃인데

바람에 흔들리고
찬 서리에 피어나지도 못해

우리가 하는 사랑
아는 이가 없네

함께 있으면

우리는 너희를 알고
너희도 우리를 알지만

떨어져 있으면

너와 나는
또 다른 존재

이것이
우리의 운명적 만남이고

이것이
우리의 숙명적 사랑이란 말인가…

경찰 동기
생각

여보게, 친구

처음처럼

한잔하세 그려

참매 안주 삼아

무궁화 꽃 가슴에 그리던

생활관 침낭 속 하얀 꿈

새롭게 이야기해 보세

겨울 이면

겨울이면 하늘의 하얀 눈 기다리는
설렘 기다리는 계절

설렘의 그대
내려오기 기다린다

해맑게 방가방가 함박웃음으로
맞이했던 사랑이었으면 좋겠다

그 모습 그 설렘
하얀 눈 기다린다

눈 감겨
겨울의 하늘 볼 수 없을 때까지

12월

촛 불

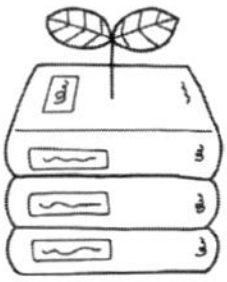

촛불

열차 식당에서 도시락과 음식을 판매하는
신입 사원이 있었다.

서울역에서 부산까지 가는 동안에
판매하는 일을 다 하면
신입 사원은 남은 식자재들을 지키기 위해
열차 식당 내에 남아야 했다.

추운 겨울,
냉장고만큼 차가운 열차 식당 식탁에
촛불을 두세 개 켜 놓고, 담요로 등을 덮고,
손을 불며 펜을 꼭 잡고
보다 나은 내일을 위한 공부를 했다.

이때,
촛불은 빛이며 빈 머리를 채워 주는 희망이었고,
온기를 지켜 주는 불이었으며
혼을 불러들이는 등대의 불빛이었다.

사고 사건으로 억울하게 죽거나
불의의 죽음을 당한 이들을 추모하는 촛불이

국화꽃 송이 옆에서
고인의 명복을 함께 빌어 주는 불빛으로
고인과 그 가족의 위안이 되기도 한다.

이제,
촛불은 단순한 생활용품을 넘어
정의를 대변하는 빛이며 심지어 혁명으로
이어지기까지 하는 정의의 대명사처럼 여기고 있다.

그 대표적인 것이 2002년 미군 장갑차에 치여
사망한 여중생 추모 촛불 집회,
2014년 세월호 참사로 인한 300여 명의 사망과,
2016년 국정농단의 책임을 묻는 광화문
대규모 촛불 집회다.

특히 광화문 촛불 집회는 대통령의 탄핵으로
이어졌다.

그러나 당시 야당이었던 현 정부가 어부지리로
빈자리에 들어섰는데도 불구하고
자칭 촛불 정부라 칭하며
국민 위에 군림하기 시작한다.

촛불 집회는 국민 한 명이 모여 폭풍처럼 일어나
기존 잘못된 체제를 바꾸려는 시민 혁명으로
이어진 것으로,
정권의 소유물이 아니며 한곳에 머무르는 것도 아닌
자유, 권리, 상식으로 소통하고자 하는 소망인 것이다.

선의를 악용하고 국민을 실망시키고 나라를 위기로
몰아넣는 지도자들을 결코 잊지 말아야 한다.

언제 다시 촛불이 몸을 밝히며
촛불 집회로 정의와 겸손을 요구할지 모른다.
촛불은 항상 밝힐 준비가 되어 있다.

12월

얼음 바람 얼굴에 부딪치니
주름 하나 더 생기고

흰 눈 머리에 내리니
눈사람 만들고 싶은데

돌아갈 수 없는 세월
아쉬움으로 병들어 가네

백로는 냇가의 먹이 찾는데
언 냇가 고기들은 숨어 버리고

돌아갈 집 바라보니
황소바람만 울부짖고 있네

연인의 추억

1.
날개 없는 천사가 미소를 띠며
내 문으로 들어왔다

멈추지 않는 심장은 설렘과 기쁨으로
머릿속으로 녹아들었지

다양했던 예쁜 꽃잎들이
내 머릿속에 파노라마처럼 지나간다

장미, 목련, 연, 개나리… 만개한 꽃잎처럼
아름다운 것이 어디 있으랴

네 속에 사랑의 멜로디는 축적되어 갔고
너로부터 아름다운 노랫말은 시가 되어
시인으로 거듭났다

너는 애수에 젖어 있었고, 사랑에 목말랐으며
삶에 비틀거렸다, 내게 손을 내밀었다

나는 잃어버렸던 사랑의 마음을 열어젖혔고
천사가 하늘을 나는 것으로 보였다

여리고 밝고 어여쁜 여인이여,
내가 동경하고 잊었던 천사여,

잠자리 들 때 너를 부르고,
아침이면 노랫소리 절로 나온다

모나리자의 조용한 미소와 눈빛으로 다정했고
새장 밖 바람이 너를 사랑으로 인도했다

우리 안에 갇힌 파랑새였고
너의 날갯짓은 나를 끌어들였다

소풍과 여행이 있었고
너는 동산이었으며 들꽃이었다

2.

나는 네가 어떻게 네 마음속에
나를 담았는지 모른다

너에 대한 내 사랑은 동경이었고 향기였을 뿐
설마 그 사랑이 오리라고는 꿈꿔 보지 못했다

볼 때마다 침 마르고 흥분으로 몸은 뜨거웠고
빵과 와인만으로는 갈증과 배고픔이 풀어지지 않았다

입 안 두 혀는 돌기가 돋았고
몸은 불꽃으로 어둠을 밝혀 주었다

함께 타오르고 녹아든
희망찬 사랑과 힘의 결합이었다

그 속에서 내 노래는 날로 새로웠으며
시가 되어 모든 게 잠긴 나를 보았다

너는 언제나 내 노래에 눈물을 흘리고

행복이 넘치는 웃음으로 나를 품어 주었다

3.
돌아선 현실은 다시 새장 속이었으며
주인이 주는 먹이를 먹지 않을 수 없었다

무기력한 삶, 불쌍한 동반자, 갇힌 범죄자
모든 게 침몰했다

"하지 마세요!" 번갯빛 칼날 같은 목소리
처음 들어 본 음성, 천사가 아니었다

꿈에서 깨어나 일어나야 할 시간
현실에 갇힌 힘든 낙담의 시간

소용없는 것에
불가능한 것에 종종 미치기도 한다

소달구지 타고 가는 길에 파랑새 만나
사랑과 황금의 연인으로 몸부림치기도 한다

머릿속 연인의 추억을 지워 내지 못하고
너의 영상이 사랑과 미움 원망으로 섞여 간다

이제 사랑과 황금의 닻을 내리고
젖은 마음은 일상의 빛으로 말리며

거울 속 변해 가는 얼굴에 둥지를 튼다
오, 흐르는 추억의 연인이여!

시(詩) 속의 여인

어디 보는가

나의 마음 보는가

절벽에 핀 꽃이여

그리워지는
처음

파란 하늘 하얀 반달
중천 지나 서쪽으로 기울도록
나는 오랫동안 달렸습니다

오늘도
차갑고 세찬 영하의 바람 속
처음으로 돌아가 달리고 싶은
머릿속 진동 일어나는 건

달리는 고통보다
바람과 땅의 멜로디
젊음과 사랑의 너울
행복한 땀의 연주가 있었기 때문입니다

달리는 내내
아름다운 시작
처음으로 되돌아가
사랑하며 달리는 땀의 연주 그리워집니다

시
인

시인의 눈

시인의 마음

눈 내린 아침이어라

제109회

<한국문인>
신인문학상 당선작 심사평

제109회

<한국문인>
신인문학상 당선작 심사평

신인문학상 심사위원회(가나다순)
구인환, 김길웅, 김길자, 김홍은,
송부일, 전원범, 조규화, 하재준

박창원 작가의 시, 〈새벽 출근길〉,
〈한라산 오름〉, 〈노송에 핀 하얀꽃〉을
선정합니다.

'한 송이 국화꽃을 피우기 위해,
봄부터 소쩍새는 그토록 울었나 보다.'[1)]

하늘과 대지에 뿌린 눈물의 양과 같은 정도로
시인의 마음은 간절하기만 하다.

등단이라는 출사표를 내기까지 수없는 밤을

---

1) 서정주, 〈국화 옆에서〉, '경향신문', 1947.

소쩍새와 함께했다.

세상을 관찰하는 그 눈,
상투적인 인식에서 벗어나,
일상을 관찰하는 눈물 속에서 시는 탄생한다.

다르게 볼 수 있는 눈으로,
쓰기 시작하는 순간 세상은 재탄생한다.

시인은 창조주다.
플로베르의 눈처럼,
사물을 예사롭게 보지 않는 관찰력은
창조를 위한 소쩍새의 눈물이요, 여정이다.

이성의 암흑기를 지내고 난 후,
인간 실존에 눈뜨기 시작할 무렵,

무시무시한 삶의 형체란, 내던져진 존재 다름 아니었다.

종교는 그러한 삶의 당위를 제시하고,
유토피아를 설정하면서까지
현실을 운명처럼 그려 냈지만,

낙관적인 전망과는 달리 방법론에
휘둘려 본질을 망각했다.

예술은 외설로 도외시되고,
육체와 정신을 분열시켰다.

삶에 내던져진 실존에 대한 냉혹한 시각을
바탕으로 내면의 승화는 박창원 작가의
예술적 감성이다.

시는 그러한 현실에 대한
남다른 관찰을 바탕으로 명시적으로 그려 냈다.

작가의 등단은 출근길과 한라산 등정,
하얀 꽃 하나에서도 새로운 세상을 창조한다.

세상에 대한 애착은
그러한 현실에서 구워 낸 독자에 대한 선물이다.

세상은 살 만하고 오르면 내려오고,
무심한 표정에서도 산울림과 같은 희망이 있다고,
가여운 얼굴을 어루만지는 스치는 바람 같은 것.